W0412261

Les Chercheurs De Dieu

Tome 19

L'abbé Pierre et l'espoir d'Emmaüs

Dessin : Leo Beker
Couleurs : Catherine Legrand
Scénario : Benoit Marchon

bayard jeunesse

– Les grands hommes, ça existe ?
– La vie m'a appris que non.
Mais des choses merveilleuses peuvent être faites
par des gens qui ne sont pas merveilleux.

(Extrait d'une interview de l'Abbé Pierre)

© Bayard Éditions, 2012
18, rue Barbès – 92120 Montrouge
ISBN : 978-2-7470-4017-4
Dépôt légal : octobre 2012
Loi 49-956 du 16 juillet 1949 sur les publications destinées à la jeunesse
Imprimé par Pollina - L62115c

L'abbé Pierre, de son vrai nom Henri Grouès, naît à Lyon le 5 août 1912. Henri grandit, au milieu de ses sept frères et sœurs, dans une très belle maison.
Allez, Henri, vas-y !
De son enfance, l'abbé Pierre garde quelques souvenirs qui l'ont beaucoup marqué. À sept ans...
Henri, tu es prêt ? Nous partons à la fête chez les cousins !
Non, je l'ai puni! Il a chipé de la confiture avant le déjeuner, et il a laissé accuser son frère. Il restera ici, tout seul !
Le soir...
C'était formidable! On a mangé de ces gâteaux!
Et ils ont plein de nouveaux jouets !
Ça m'est égal, je n'y étais pas !
Henri, papa voudrait te parler dans son bureau.
J'ai entendu ce que tu as répondu tout à l'heure. J'en suis très triste. Tu n'es pas heureux quand les autres sont heureux? Mais alors, tu ne penses qu'à toi?..
Plus tard, un dimanche, alors qu'il a onze ans...
Léon, Henri, venez avec moi !
Où nous emmènes-tu, papa?
Là où je vais chaque dimanche. Vous êtes assez grands maintenant pour m'accompagner.

* *Les missionnaires sont des chrétiens qui partent vivre dans des pays lointains pour faire connaître l'Évangile de Jésus.*

Bientôt...
Alors, Henri, quel est ce grand secret ?
Eh bien, voilà... je veux être missionnaire !
Tu sais que ça sera dur pour ta mère et pour moi. Mais nous en serons fiers...
Pourtant, à quatorze ans...
Je suis chrétien, et je me prépare à engager toute ma vie sur cette foi...
...Mais si j'étais né dans une famille musulmane, bouddhiste ou athée, je m'engagerais sans doute de la même façon... Comment savoir alors si je suis dans la vérité ?
Souvent malade, Henri en profite pour lire beaucoup et réfléchir.

Si Dieu existe, il ne peut être qu'Amour infini. Sinon, d'où viendrait cette soif d'amour infini qu'il y a en moi?...
Un an plus tard, il fait un voyage à Assise (en Italie)...
C'est là qu'ont vécu saint François et ses compagnons, dans la fraternité, la pauvreté et la prière...
" L'amour n'est pas aimé ", disait saint François... Aimer sa famille, ses amis, c'est facile...
... Mais aimer ceux qui n'ont rien... voilà où est Dieu... voilà l'amour que Jésus a vécu...
Et quelque temps plus tard...
Je voudrais être moine dans l'ordre de saint François...
Ainsi, de 1931 à 1939, Henri Grouès va mener la dure vie des capucins. En 1938, il devient prêtre. Mais un an plus tard, sa santé fragile l'oblige à quitter son monastère.

* *Les nazis haïssaient les juifs et voulaient exterminer leur peuple.*

Je regrette, monsieur l'Abbé, mais c'est impossible !...
... Nous cachons déjà beaucoup d'autres juifs !
Mais venez ! Je vais vous présenter à une de nos religieuses...
Sœur Miriam sait très bien fabriquer des faux papiers d'identité ! Elle vous apprendra ! Ainsi, vos "protégés" ne seront plus inquiétés...
Et comme vous connaissez la montagne, vous pourrez leur faire passer la frontière avec la Suisse, en emmenant aussi des gens que nous cachons !
Bientôt...
N'oubliez pas : vous ne vous appelez plus Simon Bernheim, mais Jacques Bernard !
Et quelques semaines plus tard...
Nous allons passer par le col du Tour, à 3200 mètres d'altitude. Nous devrons traverser plusieurs glaciers, mais il n'y a pas de douaniers !
Après huit heures de marche...
Voilà : nous sommes en Suisse. Vous êtes sauvés !
Merci ! Nous n'oublierons jamais ce que vous avez fait...
Beaucoup d'autres juifs seront ainsi sauvés par l'abbé Grouès.

* *Les nazis obligeaient de nombreux jeunes Français à partir travailler dans des usines en Allemagne.*

** *S.T.O. : Service du Travail obligatoire.*

Ainsi naît un des premiers camps de résistants, qu'on appellera des "maquis", dans la montagne de la Chartreuse.
Je sais que d'autres maquis se forment dans la région. Mais tous ces jeunes ont besoin de courage...
Nous allons faire un journal ! C'est un bon moyen pour leur redonner espoir.
Ma machine à écrire !
Je signerai d'un faux nom : "Pierre", par exemple !
TAP
TAP
Te courber indéfiniment, tu en as assez ! Dire indéfiniment merci à qui te dépouille, tu en as assez ! Faire semblant de croire au mensonge que l'on te sert chaque jour, tu en as assez ! Tu te redresses enfin pour dire : Non, ça suffit ! La Résistance ? Elle est jaillie de tout cela, de ta révolte contre tout cela ...
Voilà ! J'en ai fait 500 exemplaires !
Il ne reste plus qu'à le distribuer discrètement à tous les résistants que nous connaissons.
Formidable !
Ça remonte le moral de lire ça !

Une semaine après...
Monsieur ?
Mon nom "de guerre" est Barthélémy ! Monsieur l'Abbé, dans toute la France, la résistance commence à s'organiser grâce au général de Gaulle, réfugié à Londres.
Je suis chargé de parcourir la région pour compter les maquis et diriger leurs actions.
Mais comment savez-vous ce que je fais ?! Pour la plupart des gens, je suis un prêtre bien tranquille !
J'ai lu ce journal, signé par un certain "Pierre" ! On m'a dit qu'il y avait un abbé dans le coup du côté de la cathédrale...
Bientôt...
Nous sommes maintenant en lien avec tout le réseau de la résistance francaise.
Vous allez recevoir des armes, et on vous apprendra à les utiliser ! Toutes les actions à entreprendre vous seront données par messages-radio !
Mais un jour...
Hé ! regardez là-bas !
Vite ! Les jumelles !
Ce sont des Allemands ! Nous allons être repérés !
Pas de panique ! Nous devons partir d'ici ce soir même !

Et, après plusieurs déménagements...
Ici, en plein massif du Vercors, je pense que vous serez en sécurité. D'autres maquis y sont déjà installés.
Un autre jour...
Brrr... ! Vivement que j'arrive chez mon frère !
Bonjour ! Quel orage, hein ! J'ai l'impression que je suis malade...
Va vite te mettre au lit ! J'appelle un médecin.
Docteur, on m'attend à Grenoble ! Je dois repartir le plus vite possible !
Ce serait de la folie ! Vous avez une bonne angine, qui risque de se compliquer !
Deux jours plus tard...
Henri, tu l'as échappé belle ! Quelqu'un a dû te dénoncer : la police allemande est venue chez toi pour t'arrêter !
Aïe ! Elle va me rechercher partout ! A mon tour de me cacher, en prenant des faux noms...
Ainsi l'abbé Grouès s'appellera Robert, Henry, Houdin... Mais c'est le surnom de "Pierre" qu'il gardera après la guerre.
10.

* En 1944, l'Algérie appartenait à la France. Mais le pays avait déjà été libéré par les armées alliées (américaines et anglaises).

* *Les députés de l'Assemblée nationale discutent et votent les lois proposées par le gouvernement.*

En octobre 1947...
La maison est grande, mais en très mauvais état. Voilà pourquoi je vous la loue si peu cher. Et puis, ici, à Neuilly-Plaisance, vous êtes tout près de Paris.
Très bien, je la prends!
A part le toit, tout est à refaire... Mon salaire de député va disparaître dans les travaux!
Tu te rends compte! Il paraît que c'est un prêtre député.
Et il travaille comme un ouvrier?! C'est choquant!
Monsieur l'Abbé, pourriez-vous accueillir un groupe de jeunes étrangers pendant quelques jours? En échange, ils vous donneraient un coup de main!
Bien sûr! de toute façon, je ne voulais pas vivre tout seul dans ce château!
Bientôt, la maison sert de lieu de rencontres ou de vacances pour des prêtres, des ouvriers, des familles, des jeunes...
13.

Qu'est-ce que vous faites ?
Je baptise la maison !
Mais pourquoi "Emmaüs" ?
EMMAÜS
Rappelle-toi l'histoire qui est dans l'Evangile : deux compagnons marchent vers le village d'Emmaüs. Ils sont désespérés par la mort de Jésus. Mais un inconnu les rejoint et parle avec eux...
EMMAÜS
... Quand il partage le pain avec eux dans une auberge, les compagnons reconnaissent Jésus ressuscité, et repartent pleins de courage et de foi.
Tiens, passe-moi le tournevis !
J'aimerais que cette maison soit comme l'auberge d'Emmaüs : un endroit où ceux qui viennent fatigués ou désespérés retrouvent espoir et forces...
Un jour, au retour d'un voyage...
Hier, Georges, un de nos voisins, s'est suicidé en s'empoisonnant ! On l'a réanimé, mais il jure qu'il recommencera ! Vous devriez lui parler...
Ah ! Ne venez pas me faire la morale ! Vous savez qui je suis ? Un assassin qui sort de prison ! J'ai fait vingt ans parce que j'ai tué mon père ! Et ma femme vit avec un autre !
Je n'ai plus rien ! A quoi ça me sert de vivre ?
Je ne peux rien te donner, sauf mon amitié. Tout mon temps et mon argent sont employés à cette maison où je voudrais accueillir les malheureux. Veux-tu venir vivre avec moi à "Emmaüs" et m'aider à aider les autres ?
14.

Georges sera le premier "compagnon d'Emmaüs." Longtemps après, il dira à l'Abbé Pierre: "Vous m'auriez donné n'importe quoi, j'aurais recommencé à me tuer. Ce qui me manquait, ce n'était pas seulement de quoi vivre, mais DES RAISONS DE VIVRE."
Un matin de janvier 1950...
Monsieur l'Abbé, une famille est expulsée tout près d'ici. Venez !
Vous n'allez pas les laisser là, en plein hiver !
Désolé, c'est la loi ! Le propriétaire veut reprendre l'appartement !
Venez chez nous, on va bien vous trouver de la place.
Où va-t-on les mettre ? On a recueilli plusieurs malheureux, et la maison est pleine de jeunes !
Il reste encore la chapelle ! On va la déménager !
Mais ça ne vous gêne pas de mettre Dieu au grenier ?
Tu sais, pour moi, c'est Dieu qui souffre dans ces enfants sans toit ni feu...
Bientôt...
Voici le terrain que j'ai pu acheter en empruntant. On va vous construire une maison !
Et où va-t-on loger les trois autres familles qui sont arrivées depuis ?
C'est simple ! Nous allons construire une maison plus grande !
15.

Il faut démolir tout ça ! Le permis de construire était pour une maison de dix mètres sur six !
Si vous trouvez des logements pour ces quatre familles, je vous promets qu'elles s'en vont tout de suite et que nous démolirons les 26 mètres en trop !
Bon, euh... On va voir ça...
Les nouvelles vont vite ! Des dizaines de familles sans logis nous appellent au secours !
Il faut continuer à construire !
Alors l'abbé Pierre cherche de l'aide partout où il peut : auprès de ses collègues députés...
Voici pour vos "protégés".
...chez les propriétaires de terrains...
Vous m'avez convaincu : je vous vends mon pré la moitié de son prix
A VENDRE
...chez les récupérateurs de matériaux de construction.
C'est d'accord, je vous donne ces briques !
Merci pour eux !
Je vais vous dire : c'est la première fois que je laisse entrer un curé chez moi !
Et le Bon Dieu, je ne sais pas s'il existe... Mais s'il existe, il est dans ce que vous faites !
16.

Grâce aux aides que trouve l'abbé Pierre, les "Compagnons d'Emmaüs" construisent des nouvelles maisons pour les sans-abri et les mal-logés. Ceux-ci pourront les rembourser petit à petit.
C'est désespérant ! Dès que nous réussissons à loger une famille, il en arrive dix autres !
Et l'argent diminue à toute vitesse ! Nous n'aurons bientôt même plus de quoi manger !
Un jour, l'abbé Pierre est invité chez un ami riche.
Ainsi, c'est vous, le fameux prêtre-député qui vit avec des clochards.
Comme c'est beau !
Racontez-nous ça !
Oh ! oui !
La meilleure façon de vous en parler, c'est de vous dire qu'avec tous ces plats, mes compagnons pourraient manger pendant deux jours !
Oh !
Le lendemain...
MONSIEUR L'ABBÉ DUBOIS
Excusez ma réaction d'hier soir. On a parfois besoin d'entendre parler ainsi. Merci...
Ci-joint, un chèque pour vous aider.
17

Mais de plus en plus de malheureux sont recueillis ...
Ma femme est devenue folle ! Ça fait trois ans qu'on vit à trois familles dans une seule pièce !
Vous ne pouvez pas vivre dans ce marécage !
Ben, on est bien forcés ! Vous croyez qu'on a de quoi payer un toit...
Son mari la cherchait depuis deux jours ! Elle voulait se jeter dans la Marne avec ses enfants parce qu'ils sont expulsés de chez eux...
A l'automne 1951...
Mes amis, j'ai une mauvaise nouvelle pour vous : je ne veux pas me faire réélire député, car les manœuvres politiques me dégoûtent.
Mais je n'aurai plus de salaire, et je ne sais pas ce que nous allons devenir...
Je ne peux pas les renvoyer : ils n'ont que moi... Et tous ceux qui espèrent une vraie maison...
Je ne vois qu'une solution...
Quelques jours après...
Ne m'attendez pas ce soir, je rentrerai tard...
?
Et depuis l'Assemblée Nationale, où il fut député...

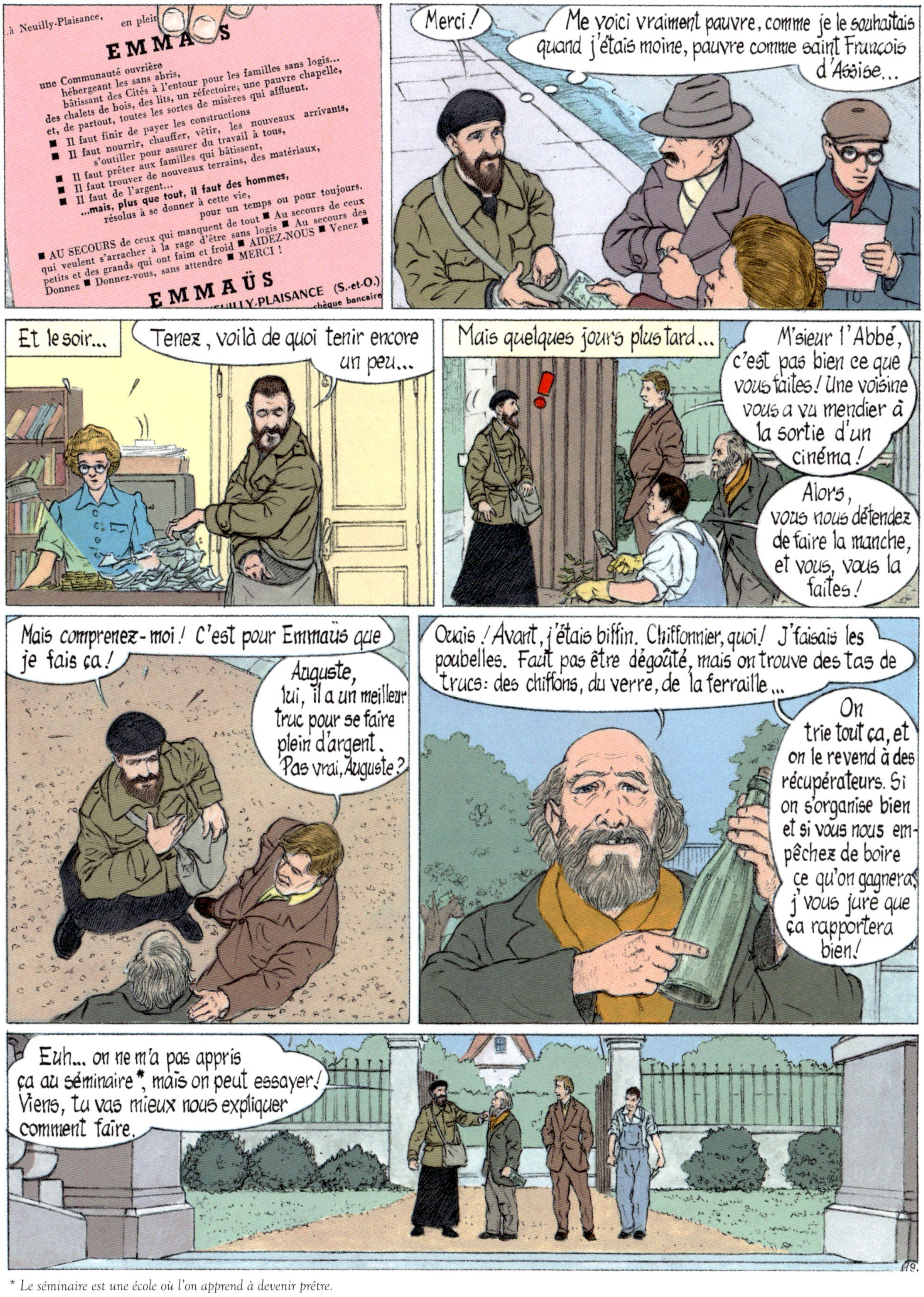

* *Le séminaire est une école où l'on apprend à devenir prêtre.*

Bientôt...
Hé ! les gars ! une petite cuillère en argent !
Voleurs ! C'est NOS poubelles ! C'est à nous de récupérer ce qu'il y a dedans !
Calme-toi, je les reconnais ! C'est les chiffonniers d'Emmaüs, c'est eux qui ont construit ma maison !
Vous devriez plutôt faire de la chine* en débarrassant les caves et les greniers. C'est plus rentable ! Comme ça, nous, on peut continuer à faire la "biffe" !
Merci, Madame !
De rien ! Ça me fait de la place !
On devrait aussi aller fouiller sur les décharges publiques.
Avance par là, y a plein de vieux papiers !
Vous faites du bon boulot ! Vous avez là une petite fortune ! Je vous en offre un bon prix : tenez !
Tu avais raison, Auguste ! On va bientôt pouvoir continuer à construire !
20.

Nous avons maintenant de quoi vivre, et nous sommes plus de cent. Je vous propose quelques règles pour qu'Emmaüs continue à s'agrandir sans risques.
"Nous sommes une communauté d'hommes libres, pas un asile de mendiants. Nous voulons gagner notre pain uniquement par notre travail, et nous nous mettons au service des plus malheureux que nous."
Tous ceux qui acceptent ces règles seront les bienvenus chez nous!
Un jour...
Monsieur l'abbé Pierre? Je suis journaliste. Puis-je vous poser quelques questions?
Euh... oui! Je vous écoute...
Bientôt, plusieurs journaux parlent d'Emmaüs...
UN PRÊTRE DÉPUTE S'EST FAIT MARCHAND DE CHIFFONS POUR LOGER LES SANS-ABRI
MIRACLE à dix kilomètres de Paris avec LE BIFFIN EN SOUTANE
Ces articles nous amènent de l'aide et de l'argent... mais ils provoquent encore plus d'appels au secours! Nous n'arriverons jamais à répondre à tout le monde!

* Cela ferait un peu moins de 12 € aujourd'hui.

** Cela ferait 3000 € aujourd'hui.

* *Les sénateurs votent les lois proposées par le gouvernement, après les députés. Ils décident aussi de l'argent (ou budget) que doit recevoir chaque ministère.*

La lettre est publiée dans "Le Figaro" du 7 janvier.
Et vous voudriez que, [...] les trois ans que par votre *non* de bien-logé vous avez cette nuit imposé, il soit ainsi trop tard pour beaucoup d'autres ?
Monsieur le Ministre, le petit bébé de la cité des Coquelicots, à Neuilly-Plaisance, mort de froid dans la nuit du 3 au 4 janvier, pendant le discours où vous refusiez les « cités d'urgence », c'est à 14 heures, jeudi 7 janvier, qu'on va l'enterrer. Pensez à lui. Ce serait bien, si vous veniez parmi nous à cette heure-là. On n'est pas des gens méchants.
On ne vous recevrait pas mal, croyez-moi. On sait bien que « vous ne vouliez pas ça » en renvoyant à dans trois ans ceux qui couchent sous les ponts au sortir [...]. On sait bien que vous
Le jour même...
Monsieur l'abbé Pierre ? Le ministre Maurice Lemaire devait aller inaugurer de belles maisons. Il n'ira pas : il vient de partir pour l'enterrement...
C'est ici... Venez...
Vous voyez, je suis venu. Je n'ai jamais connu pareille misère, mais je suis capable de comprendre...
Monsieur le Ministre, mes camarades et moi, nous vous disons merci...
...Mais ce qui compte pour nous, c'est ce que vous allez décider maintenant !
Le 12 janvier...
Nous construirons ici, à titre d'expérience, la première cité d'urgence. Je ferai le nécessaire !
24.

Quelques semaines plus tard, à Emmaüs...
Il paraît qu'il fait moins 30° en Alsace, et que la mer gèle sur les côtes !
EMMAÜS
Ce n'est pas le froid qui empêche les expulsions ! Je viens d'être vidé de chez moi !
Moi, avec mon travail, je peux juste me payer l'hôtel une fois par semaine... pour me laver !
Entrez, on va vous donner une soupe chaude et un lit !
Ça a marché, la biffe, aujourd'hui ?
Pas terrible, Monsieur l'Abbé ! Avec ce froid, le camion démarrait pas. Et puis, les ordures sont gelées !
Mais y a pire ! On a vu plein de gens sur les trottoirs. Ils vont mourir de froid s'ils dorment là !
Vous avez raison. Voici ce que nous allons faire : chaque soir, après le dîner, nous repartirons les chercher avec le camion dans les rues de Paris.
Mais on les logera où ?
C'est déjà plein, chez nous !
Ne t'inquiète pas : j'ai une idée !

* R.T.F. : Radio Télévision Française.

Mes amis, au secours !
Une femme vient de mourir
gelée, cette nuit, boulevard
Sébastopol, serrant contre
elle une lettre d'expulsion
..."Chaque nuit, ils sont plus de deux mille recroquevillés sous le gel, sans toit, sans pain. Devant tant d'horreur, il y a plus urgent que les cités d'urgence !"...
Ça y est ! Le message passe dans cinq minutes.
Mais j'y pense ! Vous devez connaître des gens à Radio-Luxembourg depuis votre "Quitte ou double". Allons les voir !
Vous avez raison !
"... Ce soir même, dans toutes les villes de France, doivent s'ouvrir des lieux où il y ait de la soupe, de la paille et des couvertures. A l'entrée, on pourra lire : "Toi qui souffres, entre, dors, mange, reprends espoir. Ici, on t'aime"...
RL
..."Chacun de nous peut venir en aide aux sans-abri. Il nous faut pour ce soir : 5000 couvertures, 300 grandes tentes, 200 poêles."
" Déposez-les à l'Hôtel Rochester, 92, rue La Boétie "
"... Rendez-vous des volontaires pour le ramassage des sans-abri ce soir, devant la tente de la Montagne-Sainte-Geneviève. Grâce à vous, aucun homme, aucun enfant ne couchera ce soir sur le trottoir. Merci ! "
27.

Maman ! on n'a pas des couvertures en trop dans une armoire ?
Si ! On peut les donner. Mais je n'ai pas retenu l'adresse.
Je vais téléphoner à la radio !
Vous avez une voiture ? Alors rendez-vous ce soir rue de la Montagne-Sainte-Geneviève.
Oui, vous pouvez aussi envoyer de l'argent !
L'Hôtel Rochester ? C'est au 92, rue la Boétie !
Ça a l'air de marcher !
STUDIO N° 4
Mais au fait, c'est quoi, cet Hôtel Rochester ?
Je ne le connais même pas ! Sa propriétaire m'a juste écrit qu'elle mettait quelques chambres vides à notre disposition. Il faut aller la prévenir !
Holà ! Il y a déjà du monde !
HÔTEL ROCHESTER
Quoi ? Un appel à la radio de l'abbé Pierre ?
Madame Larmier, vous êtes au courant ?
Non ! Mais je crois comprendre...
Madame, je suis désolé ! Je n'ai pas eu le temps de vous demander...
Ce n'est pas grave, Monsieur l'Abbé. Vous avez bien fait !
Installez-vous ici comme chez vous !
28

Je vous laisse mon bureau !
Il nous faudrait plusieurs téléphones. Appelez les P. T. T. ! Dites-leur que c'est urgent !
Nous aurons deux téléphones supplémentaires dans une demi-heure !
Très bien ! Je téléphone à la mairie de Paris pour qu'on ouvre cette nuit des stations de métro aux sans-abri !
Une demi-heure plus tard...
Voilà ! Ça marche !
Merci !
La mairie vient de rappeler : elle met quatre stations inutilisées à notre disposition !
Il y a un embouteillage monstre dans tout le quartier ! Des gens viennent de partout apporter des colis !
Le soir, rue de la Montagne-Sainte-Geneviève...
Merci d'être venus si nombreux ! Grâce à vous, des hommes et des femmes vont être sauvés de l'épouvantable nuit dans la rue !
Chacun doit se considérer engagé jusqu'à la fin du froid !
Je n'ai rien fait ! Fichez-moi la paix !
Mais on ne vous emmène pas en prison ! Vous aurez plus chaud dans le métro !
29

* Cela ferait 587 € aujourd'hui.
** Cela ferait 1,15 € aujourd'hui.

* Cela ferait 117,4 millions d'euros aujourd'hui.
** Cela ferait 11,7 millions d'euros aujourd'hui.

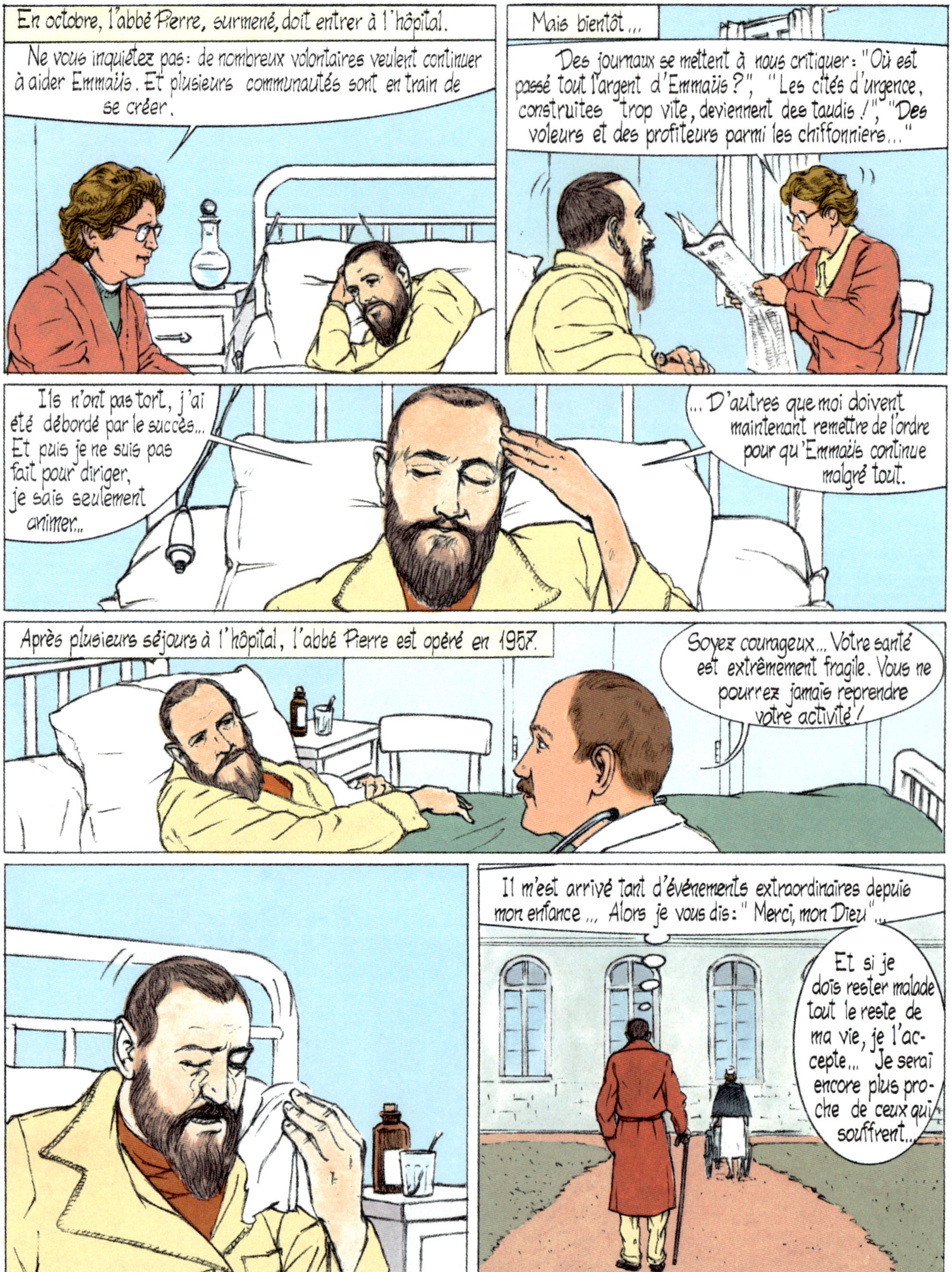
En octobre, l'abbé Pierre, surmené, doit entrer à l'hôpital.
Ne vous inquiétez pas : de nombreux volontaires veulent continuer à aider Emmaüs. Et plusieurs communautés sont en train de se créer.
Mais bientôt...
Des journaux se mettent à nous critiquer : "Où est passé tout l'argent d'Emmaüs ?", "Les cités d'urgence, construites trop vite, deviennent des taudis !", "Des voleurs et des profiteurs parmi les chiffonniers..."
Ils n'ont pas tort, j'ai été débordé par le succès... Et puis je ne suis pas fait pour diriger, je sais seulement animer...
... D'autres que moi doivent maintenant remettre de l'ordre pour qu'Emmaüs continue malgré tout.
Après plusieurs séjours à l'hôpital, l'abbé Pierre est opéré en 1957.
Soyez courageux... Votre santé est extrêmement fragile. Vous ne pourrez jamais reprendre votre activité !
Il m'est arrivé tant d'événements extraordinaires depuis mon enfance... Alors je vous dis : " Merci, mon Dieu "...
Et si je dois rester malade tout le reste de ma vie, je l'accepte... Je serai encore plus proche de ceux qui souffrent...
32

En 1957...
On vous réclame à l'étranger. Des communautés d'Emmaüs se sont créées au Brésil et au Japon et voudraient vous rencontrer.
On vous invite aussi à parler de votre action en Autriche, en Suède, en Inde !
Docteur, qu'en pensez-vous ?
Contrairement à ce que je croyais, vous allez mieux ! Alors partez, mais à une condition : n'oubliez pas de ménager vos forces !
C'est ainsi que l'abbé Pierre commence à voyager dans plusieurs pays.
Puis il passe trois mois, seul, dans l'ancien ermitage du père de Foucauld, en plein désert du Sahara.
Ma longue maladie a été comme une "traversée du désert"... Maintenant, je peux reprendre la route...
39

Pendant des années, l'abbé Pierre va parcourir le monde entier pour aider à la création de nouvelles communautés, former des responsables, donner des conseils.
Quand vous accueillez un nouveau, ne lui demandez rien sur son passé. Il est venu parce qu'il était seul et désespéré. Dites-lui simplement : "Tiens, c'est toi ? On t'attendait !"
Si vous le trouvez avec une bouteille pleine de vin, cassez-la devant lui. Ça le marquera !
POC !
S'il est là, c'est qu'il accepte de travailler pour lui, mais aussi pour les plus malheureux que lui. Il n'y a pas de place pour les ivrognes, les voleurs, les paresseux et les bagarreurs !
Le 11 juillet 1963, pendant un voyage en Amérique du Sud...
Au feu !
Au secours, nous coulons !
Aidez-moi ! Je ne sais pas nager !
Je ne veux pas mourir ! Je ne veux pas mourir !
Mon Dieu, je vous demande pardon pour tout ce que j'ai fait de mal...
Mais je n'ai pas peur de mourir. J'ai cherché toute ma vie à donner la main à ceux qui souffrent. Je suis sûr que vous allez me tendre la main...
Cinq heures plus tard...
Je crois bien que celui-là est mort... Mettons-le avec les autres !

Haaa...
Hé ! Regardez ! Il est encore vivant !
Quelques jours plus tard...
Nous avions appris votre naufrage par la radio ! Nous avons eu si peur de ne jamais vous revoir !
En plus nous avons réalisé que vous êtes le seul à connaître tous les gens qui travaillent pour Emmaüs à travers le monde. Si vous disparaissiez, Emmaüs disparaîtrait aussi !
Vous avez raison ! Il faut créer une organisation solide qui puisse exister sans moi !
Ainsi la première Assemblée mondiale d'Emmaüs a lieu à Berne (Suisse), en 1969. Elle rassemble 150 responsables venant de 20 pays.
D'année en année, le mouvement grandit. L'abbé Pierre continue discrètement son action.

Mais à l'automne 1984...
On parle des nouveaux pauvres comme s'il n'y en avait pas avant. Mais c'est notre société de consommation et de course à l'argent qui ne voulait pas les voir !
LES NOUVEAUX PAUVRES
LE CHOMAGE AUGMENTE
Alors, à 72 ans, l'abbé Pierre revient à la "une" de l'actualité.
Vous, les riches, vous devez faire circuler l'argent ! Vous devez moderniser l'industrie, créer des entreprises, des emplois, des salaires !
En décembre, le journal France-Soir lance l'opération "Le Noël de l'abbé Pierre".
Il y a les pauvres, de plus en plus nombreux : deux millions et demi de sans-travail, autant de mal-logés ! Et puis il y a les autres : ceux qui ne manquent de rien. Il faut les obliger à voir la misère, à savoir !
France
Le dimanche 16, des milliers de gens apportent dans les mairies des vêtements, des jouets, de la nourriture, de l'argent...
AIDEZ-MOI !
Une banque alimentaire est créée : elle recueille les surplus de nourriture pour les redistribuer aux pauvres.
L'abbé Pierre sort épuisé de ce nouveau combat. Après un autre séjour à l'hôpital, il reprend son action à Emmaüs, et revient régulièrement à "la une" de l'actualité. Il passe l'autre moitié de son temps dans le silence et la prière, parmi les moines de l'abbaye de Saint-Wandrille, en Normandie.
"On ne peut pas être heureux sans les autres, encore moins contre les autres. L'enfer, ce n'est pas les autres, c'est soi-même quand on refuse d'aimer." ABBÉ PIERRE
36.

Une prière de l'Abbé Pierre

Seigneur Jésus,
souviens-toi de cette petite maison,
là-bas à Emmaüs,
et du bout de chemin qui y conduit
quand on vient de la grand'route.
Souviens-toi de ceux qu'un soir tu abordas là-bas,
souviens-toi de leurs cœurs abattus,
souviens-toi de tes paroles qui les brûlèrent,
souviens-toi du feu dans l'âtre
auprès duquel vous vous êtes assis,
et d'où ils se relevèrent transformés,
et d'où ils partirent vers les prouesses d'amour.
Regarde-nous.
Vois, nous sommes les pèlerins d'Emmaüs,
nous sommes tous des hommes
qui peinent dans l'obscurité du soir,
las de doute après les journées méchantes.
Nous sommes tous des cœurs lâches, nous aussi.
Viens sur notre chemin,
brûle-nous le cœur à nous aussi.
Entre avec nous t'asseoir à notre feu...
et qu'exultant de joie triomphale
à notre tour nous nous relevions
pour bondir et révéler la joie à tout homme au monde
en l'Amour à jamais jusqu'à notre dernier souffle...

L'Abbé Pierre est mort le 22 janvier 2007, à l'âge de 94 ans.
Depuis, Emmaüs continue de se développer.
On compte aujourd'hui plus de 120 communautés en France,
et près de 450 à travers le monde !

Dans la collection *Les Chercheurs De Dieu*

Tome 1 .... Mère Teresa • Don Bosco • Matteo Ricci

Tome 2 .... L'abbé Pierre • Pauline Jaricot • Xavier de Nicolo

Tome 3 .... Sœur Emmanuelle • Joseph Wresinski • Le père Popieluszko

Tome 4 .... Saint Vincent de Paul • Sœur Rosalie • Jean XXIII

Tome 5 .... Jean-Paul II • Bernadette Soubirous

Tome 6 .... Marie, mère de Jésus

Tome 7 .... Saint François d'Assise

Tome 8 .... Saint Paul, le voyageur

Tome 9 .... Jeanne d'Arc • Bartolomé de Las Casas

Tome 10 .... Saint Louis • Sainte Claire

Tome 11 .... Saint Benoît • Marie Guyart • Ignace de Loyola

Tome 12 .... Saint Pierre • Saint Étienne

Tome 13 .... Charles de Foucauld

Tome 14 .... Martin Luther King

Tome 15 .... Saint Martin • Saint Augustin • Saint Dominique

Tome 16 - Aux côtés des plus démunis .... Geneviève de Gaulle • Raoul Follereau • Frédéric Ozanam • Pedro Meca • Denise Brigou

Tome 17 - Ils ont résisté .... Dom Helder Camara • Alexandre Men • Père Jacques • Kim Phuc

Tome 18 .... Le curé d'Ars • Sainte Elisabeth de Hongrie • Le père Ceyrac

Tome 19 .... L'abbé Pierre ou l'espoir d'Emmaüs

Tome 20 .... La vie de Jésus

Tome 21 .... Jésus en bande dessinée

Tome 22 .... Gandhi, le pèlerin de la paix

Tome 23 .... À Calcutta avec Mère Teresa